LES CRIMES

D'EMPOISONNEMENT

PAR

M. ROBINET DE CLÉRY

EXTRAIT DE LA *VIE CONTEMPORAINE*

DU 1er JUIN 1894

PARIS

BUREAUX DE LA *VIE CONTEMPORAINE*

8, RUE DE LA CHAUSSÉE-D'ANTIN, 8

1894

LES CRIMES

D'EMPOISONNEMENT

LES CRIMES

D'EMPOISONNEMENT

PAR

M. ROBINET DE CLÉRY

EXTRAIT DE LA *VIE CONTEMPORAINE*

DU 1ᵉʳ JUIN 1894

PARIS

BUREAUX DE LA *VIE CONTEMPORAINE*

8, RUE DE LA CHAUSSÉE-D'ANTIN, 8

1894

LES CRIMES D'EMPOISONNEMENT

Dans l'exposé des motifs des lois qui punissent l'empoisonnement, dans les réquisitoires des magistrats, ce crime est présenté, par sa lâcheté, par son hypocrisie, par la facilité de son exécution, comme un des plus dangereux de tous : « C'est, disait M. de Cormenin, à l'Académie des sciences morales et politiques, — quelques mois après la condamnation de Mme Lafarge, dans le langage un peu emphatique de cette époque, — un crime qui se cache dans l'ombre, qui rampe au foyer de la famille, qui défie, par les artifices de son emploi et la subtilité de ses effets les appareils et les analyses de la science, qui intimide par ses doutes la conscience des jurés... il est toujours l'effet d'une longue préméditation. » Devant le jury la question de préméditation n'est jamais posée : la loi, d'accord avec le bon sens, suppose toujours la préméditation de l'empoisonnement.

Vieux comme le monde, ce crime paraît parfois sommeiller. Aux époques de barbaries et de violence on n'en entend plus parler. Quand il est facile de se défaire d'un ennemi par la force on ne recourt pas au poison. De la chute de l'Empire romain aux Républiques italiennes du moyen âge l'histoire n'en fait plus guère mention. De même sous la Terreur, alors qu'on fusillait, qu'on guillotinait, qu'on noyait, qu'une dénonciation était un arrêt de mort, on n'empoisonnait pas. En temps ordinaire même il y a des périodes d'accalmie. Puis, tout à coup, le poison se manifeste de nouveau, jetant partout l'épouvante, multipliant les soupçons, donnant lieu à des légendes plus effrayantes que la vérité elle-même.

Ce crime est celui des civilisations corrompues. Il ne faut pas nous empresser de triompher parce qu'en France les empoisonnements sont en proportion décroissante tandis que les journaux étrangers nous apportent le récit de crimes retentissants. A Naples, une mère fait périr son fils idiot qui lui est à charge en lui servant une galette où elle a pétri de l'arsenic. A Londres, le docteur Thomas Neill est condamné à mort pour avoir empoisonné quatre jeunes filles. A New-York, un médecin, qui avait divorcé pour épouser une femme de mauvaise vie, l'empoisonne avec de la morphine pour revenir à sa première femme. A Rotterdam, une femme, sans mobile appréciable, commet, par une sorte de monomanie du crime, une centaine d'empoisonnements et de tentatives d'empoisonnement. En ce moment nos voisins de Belgique suivent avec émotion les incidents d'une grave affaire de ce genre : dans le sein d'une famille honorable il y aurait eu plusieurs victimes sacrifiées à la cupidité d'un de ses membres.

Nous avons eu nos scandales, nous pouvons en avoir encore. La surveillance de la vente des poisons, celle des morts suspectes doivent continuer à s'exercer sans relâche et sans complaisance.

*
* *

Sur la composition des poisons, les anciens paraissent avoir été plus forts que nous. Plutarque raconte que Parisatis, mère du jeune Cyrus, fit périr sa belle-fille Statira à l'aide d'un couteau dont la lame était empoisonnée d'un seul côté. On servit aux deux reines un oiseau qui fut coupé par le milieu. Parisatis put manger sa part impunément tandis que Statira mourut du poison qui avait effleuré la sienne.

Dans sa belle étude sur Cléopâtre, Henri Houssaye fait, d'après Pline, un récit non moins étonnant : « Un soir, à la fin du repas, Cléopâtre détache une rose de sa couronne et l'effeuille dans une coupe qu'elle tend en souriant à Antoine. Celui-ci l'approche de ses lèvres. Elle l'arrête et fait boire le vin empoisonné à un esclave qui roule sur le tapis, se tordant dans des douleurs mortelles. »

D'après Tacite, les poisons de Locuste étaient un moyen de gouvernement. Ils étaient si perfectionnés qu'ils pouvaient tantôt faire vieillir la victime dans une longue imbécillité, tantôt la faire tomber comme foudroyée.

Quels étaient ces poisons? Théophraste parle de l'aconit, Philostrate du lièvre de mer (*lepus marinus*). Les empereurs — Néron, Domitien — s'en servaient pour se débarrasser de ceux qui leur faisaient ombrage. Les dames romaines lasses de leurs époux, dit Juvénal, employaient le venin d'un crapaud rouge.

Le poison des Borgia n'était pas moins efficace. Le roi d'Espagne Philippe II en avait, dit-on, le secret, ce qui explique le langage tenu par Sixte-Quint à l'ambassadeur d'Espagne : « Sachez, monsieur l'ambassadeur, que je ne crains rien de votre maître, excepté ses *Requiescat in pace.* »

Les empoisonnements n'étaient pas moins fréquents en Angleterre. Ceux dont voulait se défaire le tout-puissant ministre de Henri VII, Leicester, étaient atteints d'une maladie mortelle qui commençait par des éternuements : on l'appelait *le rhume de Leicester*. Un statut de Henri VIII ordonna de faire bouillir les empoisonneurs jusqu'à ce que mort s'ensuivît : *boiling to death*.

Du xv° au xviii° siècle, à Venise, le Conseil des Dix salariait les empoisonneurs qui le débarrassaient des ennemis de l'État.

Sous Louis XIV, l'empoisonnement sévit à la cour et dans la famille même de l'orgueilleux monarque. Peu s'en est fallu qu'il restât sans postérité. La mort foudroyante de Madame, le procès de la Brinvilliers, les enquêtes de la Chambre ardente ne peuvent laisser de doute sur la multiplicité des crimes commis à l'instigation et au profit des principaux personnages du royaume. Jamais la vérité tout entière ne sera connue, les pièces les plus compromettantes de ces sinistres dossiers ayant été détruites.

— Si je parlais, je perdrais la moitié de la ville, avait dit la Brinvilliers.

Le bon La Fontaine lui-même, parlant des dames de son temps comme Juvénal parlait des dames romaines, les montrait s'empressant vers ces officines suspectes :

> Avait-on un amant,
> Un mari vivant trop au gré de son épouse,
> Chez la devineuse on courait.

A la même époque les poisons étaient à Naples l'objet d'un trafic presque public. La célèbre Toffana vendait son eau dans de petites fioles portant l'image de Saint-Nicolas de Bari. C'était, paraît-il, une préparation à base d'arsenic ayant le privilège de ne laisser aucune trace. Cinq ou six gouttes suffisaient. Menacée, la Toffana se réfugia dans un couvent qui voulut faire respecter son droit d'asile. Elle y fut saisie, mais la liste de ses acheteurs était telle qu'on n'osa pas lui faire de procès : elle fut étranglée dans sa prison.

*
* *

On a dit que la recette de la Toffana avait péri avec elle. Des faits bien établis prouvent que le secret de ces poisons extraordinaires n'est pas perdu pour tout le monde.

En 1837 la cour criminelle de Séville fut saisie de faits qui paraîtraient incroyables s'ils n'avaient pas été établis par une instruction judiciaire.

Doña Catalina de Viariza était femme d'un chimiste transporté pour crime politique aux présides d'Afrique. S'étant évadé, il se réfugia au Maroc où il embrassa le mahométisme : tout retour en Espagne lui était devenu impossible. Veuve d'un mari vivant, dona Catalina, âgée de trente ans, d'une nature très passionnée, ne tarda pas à nouer une intrigue avec un très jeune homme, — don Pedro de Balboa, — dont elle devint follement éprise.

Quelle ne fut pas sa fureur quand elle apprit que pendant une absence son cher Pedro s'était laissé fiancer à une de ses cousines, — plus jeune et plus jolie qu'elle, — si blanche qu'on lui avait donné le surnom de *doña Nieves*.

Catalina ne dissimula pas ses projets. Elle écrivit à l'infidèle :

Comme un autre Pygmalion tu veux échauffer ta statue de neige; mais prends garde, je la glacerai tout à fait, ta poupée de neige. Avec l'aide de la Sainte-Vierge, je la tuerai ; je te tuerai ensuite ; puis après je me tuerai.

En attendant, que Dieu te garde !

CATALINA DE VIARIZA.

Les familles des deux fiancés avaient été averties. Elles firent bonne garde, et l'on était arrivé sans encombre au jour de la noce. Le cortège marchait vers l'église lorsque trois jeunes filles s'approchèrent de la mariée et lui offrirent un magnifique bouquet. Celle-ci les remerciant d'un gracieux sourire porta les fleurs à son visage. A peine les eut-elles respirées qu'elle tomba raide morte.

On arrêta les jeunes filles, mais on oublia le bouquet tombé à terre : foulé aux pieds, il disparut dans la bagarre. Les jeunes filles étaient du pays ; elles n'avaient aucune cause d'animosité contre doña Nieves. Elles racontèrent avec une évidente sincérité qu'une inconnue venait de leur remettre ces fleurs avec mission de les offrir à la mariée quand elle passerait, ce qu'elles avaient fait sans méfiance. Mises en présence de doña Catalina, elles s'écrièrent immédiatement : « C'est bien elle ! »

Les médecins espagnols chargés de rechercher les causes de la mort furent fort embarrassés. Ils essayèrent de procéder par voie d'élimination. Ce n'est pas, dirent-ils, un empoisonnement par l'acide hydro-cyanique, par la strychnine, par la brucine. Ils confessèrent modestement *qu'ils n'étaient pas aussi instruits que les anciens chimistes italiens.*

Nous avons perdu la recette de cette terrible *aqua toffana* qui était sans goût, sans saveur, et donnait la mort sans laisser de traces. Les Orientaux et les sauvages eux-mêmes connaissent beaucoup de substances vénéneuses dont les propriétés sont ignorées de nous. L'ombre du mancenillier est mortelle pour ceux qui s'endorment sous son feuillage. Il est possible, dirent-ils comme conclusion, d'empoisonner à l'aide d'un bouquet, mais il n'y a pas de preuve certaine que cela ait eu lieu dans la cause.

Sur ce rapport, doña Catalina fut relaxée.

Don Pedro de Balboa retomba bientôt sous l'influence de sa terrible maîtresse. Elle l'excita à soutenir un procès fort curieux contre la famille de la jeune femme qui avait payé si cher son projet d'alliance avec lui. Il s'agissait du douaire. La maxime :

Au coucher la femme gagne son douaire, ne pouvait pas s'appliquer puisque doña Nieves était morte en se rendant à l'église.

On discuta l'application d'une loi de Philippe II d'après laquelle « toute femme, en cas de dissolution de son mariage, gagne, si son mari l'a embrassée, la moitié de tout ce qu'il lui a donné. S'il ne l'a pas embrassée, elle ne gagne rien. »

Publiquement, au moment de la catastrophe, don Pedro s'était précipité sur le corps de la jeune femme et l'avait embrassée passionnément. — « Cela est vrai, répondit-il ; mais je n'ai embrassé qu'un cadavre. Elle était morte lorsque mes lèvres l'ont couverte de baisers. Une morte ne peut plus acquérir. »

La famille de Pedro de Balboa, honteuse de ces arguties, plus honteuse encore des relations reprises avec une femme qu'elle regardait comme une empoisonneuse, fit tant et si bien que le faible jeune homme rompit de nouveau avec doña Catalina et renonça à son procès.

Catalina n'était pas femme à subir un pareil affront. Trompant la surveillance dont son amant était entouré par les siens, elle parvint à pénétrer auprès de lui. Dans une violente scène de reproches, elle retira de sa coiffure une longue épingle et le piqua au bras. Aussitôt la vue de don Pedro s'obscurcit ; « en moins de temps qu'il n'en faut pour dire un *credo* » il tomba comme foudroyé. Cette fois les médecins découvrirent le poison : l'épingle, dirent-ils, avait encore des traces du suc de la *vedegambre*, poison subtil dans lequel les chasseurs trempaient autrefois leurs flèches et produit par la distillation d'une herbe appelée la *hierva de ballestero* — l'herbe du chasseur.

Pedro de Balboa fut longtemps entre la vie et la mort. Ce qui le sauva, c'est que l'épingle avait été en partie essuyée en traversant plusieurs doubles du vêtement qu'il portait et que l'effet du poison avait été atténué.

Aucun doute ne put subsister sur la réalité de cet attentat qui fut avoué par la coupable. Femme d'un chimiste, elle avait hérité de ses secrets. Condamnée à la peine du garrot, elle mourut avec fermeté, exprimant jusqu'au dernier moment son regret de n'avoir pas réussi.

*
* *

L'existence de poisons mystérieux, connus seulement de quelques initiés, n'est donc pas une chimère, et il ne faut pas *a priori*
rejeter cette explication de morts étranges et prématurées.

Le 20 janvier 1859 tous les journaux de Londres annoncèrent
la mort du roi de Naples. L'Italie était alors dans une grande
surexcitation; les réfugiés dont le quartier général était à Londres attendaient avec impatience les événements qui se prépa-
raient. Cette nouvelle cependant était bien invraisemblable. Ferdinand II, qui avait à peine 49 ans, était dans la force de l'âge : il
venait de quitter sa capitale avec toute sa famille pour aller recevoir à Manfredonia sa belle-fille, que son fils aîné, le duc de
Calabre, venait d'épouser par procuration à Munich quelques jours
auparavant et qui devait débarquer le 3 février. Le programme
des fêtes qui devaient avoir lieu à Bari, puis à Naples, était arrêté
et publié. Ferdinand II était parti pour présider à ce grand événe-
ment, si important pour sa famille et pour sa dynastie.

La nouvelle prématurément donnée par les journaux anglais
était inexacte. Le roi de Naples n'était pas mort, mais il était mor-
tellement atteint.

Sa maladie était, d'après les journaux, tantôt une affection
rhumatismale, tantôt une pleurésie mal guérie, tantôt une fièvre
intermittente succédant à un rhume. Le Journal Officiel des Deux-
Siciles la qualifia le 9 février d'*affection rhumatismale catarrhale*.

Lorsque, le 9 mars, Ferdinand II débarqua à Castellamare et
fut transporté au château de Caserte dans un wagon-lit, il apparut
au peuple de Naples comme un moribond. Il rendit le dernier
soupir le 23 mai : ces dernières semaines de vie n'ont plus été
qu'une longue et cruelle agonie.

A Naples où l'on s'y connaît, et hors de Naples, notamment à
la cour d'Autriche, le bruit s'accrédita que Ferdinand II avait été
empoisonné pendant son voyage dans les Pouilles.

Ce qui est certain, c'est que, très pénétré de son droit monar-
chique, résolu à le défendre par la force, le roi Ferdinand eût été
pour l'entreprise garibaldienne un adversaire autrement redou-

table que son fils âgé de 23 ans, tenu jusque-là loin des affaires publiques. Le roi Bomba, qui avait vigoureusement réprimé les insurrections de la Sicile et de Naples, n'aurait pas pris pour ministre de l'intérieur *cette rare figure de traître*, Liborio Romano, qui devait rester le ministre de l'intérieur de Garibaldi.

Vingt-quatre ans plus tard, un autre prince de la maison de Bourbon disparaissait non moins subitement. Le comte de Chambord avait 63 ans; sa constitution était vigoureuse et il avait gardé le plus robuste appétit. Il avait passé l'hiver à Goritz et il était de retour à Frohsdorff où il avait repris toutes ses habitudes, lorsque tout à coup, le 14 juin 1883, il fut atteint de douleurs abdominales très violentes accompagnées de vomissements. Il avait la bouche desséchée, une soif très vive. Ses souffrances étaient telles qu'il se roulait sur son lit. « Je suis empoisonné, » dit-il à ceux qui l'approchaient, et il écrivit son testament, document historique très important qui n'a pas été publié. On voulut d'abord dissimuler son état. Le 1ᵉʳ juillet il fallut bien se résoudre à le rendre public; c'est alors que l'*Union* publia la fameuse note :

Nous apprenons à l'instant avec une inexprimable douleur, par un télégramme officiel de Frohsdorff, que Monsieur le comte de Chambord, atteint d'une maladie aussi grave qu'imprévue, est dans un état qui inspire de sérieuses inquiétudes à ceux qui l'entourent.

Sur son ordre nous demandons à la France d'unir ses ardentes prières aux nôtres.

Cependant la forte constitution du malade prit le dessus. Au milieu de juillet il était en voie de guérison. Les médecins ne pouvant s'expliquer un mal si subit et si étrange avaient parlé d'un cancer. Le comte de Chambord, se croyant guéri, dit alors à un de ses familiers, M. Joseph du Bourg, admis à pénétrer dans sa chambre : « Ils disent que j'ai un cancer, il n'en est rien. » Et lui montrant le creux de l'estomac : « Vous pouvez appuyer : j'ai beaucoup souffert; je ne souffre plus. »

Le 14 juillet, il prit avec appétit un peu de bouillon, de la gelée de viande et du vin. Le 15 au matin, il reçut le docteur Vulpian arrivé de Paris : « Le Prince, écrivit celui-ci, parlait avec sa facilité ordinaire et tous ses mouvements s'exécutaient avec aisance : son regard était bienveillant, vif et pénétrant. »

Le soir du même jour, il se fit transporter dans sa salle à manger, sur un fauteuil roulé par des domestiques, pour recevoir les vœux de quelques amis qui buvaient, le jour de sa fête, au rétablissement de sa santé.

Tout vomissement avait cessé : c'était de toute évidence un convalescent. Chaque jour il pouvait passer plusieurs heures dans son jardin.

Dans la nuit du 8 au 9 août une rechute, non moins foudroyante que la première atteinte, le terrassa définitivement. Dès lors, il n'y eut plus d'espoir. Ses derniers jours ne furent plus qu'une longue agonie. Les vomissements étaient continuels, ils se prolongèrent jusqu'au 24 août 1883, date de la mort.

Dès le début de la maladie un des archiducs autrichiens, écrivant à la duchesse de Madrid, lui dit que son oncle était empoisonné, que les symptômes étaient exactement les mêmes que ceux auxquels avait succombé le roi Ferdinand de Naples. La comtesse de Chambord se refusait à le croire; elle ne pouvait admettre que, malgré ses soins et sa sollicitude, le poison eût pu pénétrer jusqu'à celui qu'elle entourait d'une affection si dévouée.

On attendait l'autopsie. Dans quelles conditions a-t-elle été faite? Qu'a-t-elle établi?

Le dimanche 26 août, cinquante heures après la mort, le corps a été ouvert en présence du docteur Vulpian, de M. Kundrat, professeur d'anatomie pathologique à Vienne, des docteurs Drasche et Theodor Mayr, médecins traitants, du docteur Stenzel, médecin cantonal chargé de la vérification des décès.

« Madame la comtesse de Chambord, a écrit le docteur Vulpian, avait fait connaître sa volonté de s'opposer à l'autopsie du Prince. Il fut convenu qu'on ne ferait pas d'autopsie et qu'on se bornerait à examiner les parties mises à découvert pendant l'opération de l'embaumement.

Non seulement nous ne sommes pas certains d'avoir trouvé toutes les lésions qui pouvaient exister, mais encore, pour celles que nous avons vues, nous n'avons pas pu les examiner avec l'attention nécessaire. Notre examen a été forcément incomplet... L'examen que nous avons fait à l'œil nu et auquel il a fallu nous borner, n'a pas duré plus de trois ou quatre minutes au total pour nous tous.

Une vérification dans de pareilles conditions ne pouvait être à aucun point de vue décisive. Elle amena cependant la constatation de deux faits graves.

1° Pendant toute la durée de la maladie, les médecins traitants et consultants s'étaient trompés dans leur diagnostic. Il n'y avait pas de cancer. Le docteur Vulpian l'avoua très loyalement : « Une erreur avait été commise pendant la vie du malade puisque nous n'avons pas trouvé le cancer que nous nous attendions à rencontrer dans la région épigastrique. »

2° La cause de la mort était « des lésions considérables dans la partie inférieure de l'œsophage, — des ulcérations dont quelques-unes avaient d'assez grandes dimensions. Sur quelques points les membranes muqueuses étaient entièrement détruites... Plusieurs de ces ulcérations présentaient les résultats d'un commencement de travail de cicatrisation. »

Là encore le docteur Vulpian reconnaissait « que les lésions de l'œsophage n'avaient pas été soupçonnées pendant la vie » et il avouait qu'il était, ainsi que ses confrères, « dans l'ignorance des causes des lésions ulcéreuses de l'œsophage et de l'estomac ».

Il écartait cependant l'hypothèse d'un empoisonnement, ne connaissant aucun poison qui eût pu produire les ulcérations dont il avait constaté l'existence. Il est vrai qu'il ne connaissait pas davantage et qu'il ne pouvait indiquer une maladie ayant pu les causer, ni expliquer ce qu'il appelait « *l'apparition presque soudaine* des troubles les plus graves des voies digestives ».

Comme de pareils désordres ne peuvent pas ne pas avoir une cause, beaucoup de personnes ont pensé que le comte de Chambord avait été empoisonné deux fois, le 14 juin et le 8 août, que la cicatrisation des premières ulcérations causées par le poison expliquait la convalescence du mois de juillet, que les ulcérations postérieures, *nombreuses, de grande dimension, ayant détruit les membranes muqueuses,* n'avaient pas pu être spontanées, et que la récidive de l'empoisonnement avait causé la rechute du 8 août, inexplicable pour les médecins, et la mort.

Les arguments de sentiment ne sauraient prévaloir en présence de ces faits et de ces constatations matérielles. Comment d'ailleurs serait-il impossible de supposer une main coupable dans un château où il n'y avait pas moins de 80 domestiques?

Il n'y a pas lieu de s'étonner que cette opinion, tout au moins plausible, ait été partagée par les plus proches parents du mort, — ceux qu'il avait tendrement aimés pendant sa vie et qui le payaient de retour.

*
* *

Ce ne sont pas les princes seulement que le poison menace. Les comptes rendus de la justice criminelle prouvent que dans les premières années de la monarchie de Juillet, on s'inquiétait à juste titre de la multiplicité des empoisonnements, surtout dans les campagnes. Les empoisonneurs n'avaient pas recours à des procédés raffinés; ils employaient brutalement la *mort aux rats*, c'est-à-dire l'oxyde blanc d'arsenic. Cependant, dans l'état de la science à cette époque, la preuve n'était pas facile à fournir et les acquittements se multipliaient. De 1825 à 1835, ils atteignirent la proportion énorme de 43 à 72 p. 100. Et combien de crimes secrets échappaient à toute poursuite!

Madame Lafarge.

Après avoir compulsé les rapports officiels, M. de Cormenin compta 414 accusés d'empoisonnement de 1830 à 1839, outre 200 empoisonnements constatés dont il avait été impossible de découvrir les auteurs. Le Dauphiné, l'Auvergne, le Languedoc, la Bretagne, la Haute-Loire fournissaient un large contingent de crimes. « En Corse, remarquait M. de Cormenin, il y a eu un seul accusé en dix ans : le stylet y remplace le poison. »

Depuis 1825, époque à laquelle commence notre statistique criminelle, jamais les empoisonnements n'ont été plus nombreux que de 1836 à 1840. Pendant cette période de cinq années les cours d'assises de France ont été saisies, en moyenne, de 41 affaires par an comprenant 50 accusés, tandis qu'aujourd'hui, en dix ans, — de 1881 à 1890, — les cours d'assises n'ont été saisies que de 9 à 10 affaires par an, comprenant de 10 à 12 accusés.

C'est sous Louis-Philippe, vers 1840, que la lutte de la justice contre les empoisonneurs est arrivée à son maximum d'intensité. Trop souvent les preuves matérielles manquaient et l'on n'osait pas se contenter de preuves morales. En Suisse où le même mal sévissait, on n'y regardait pas de si près. Le 28 mai 1842, le tribunal suprême de Berne avait à juger un instituteur accusé d'avoir empoisonné son enfant nouveau-né. Ce jeune homme avait été entraîné dans une intrigue avec une jeune fille et forcé par une famille se disant outragée de réparer sa faute. L'enfant était né presque immédiatement après le mariage, trop tôt pour que le malheureux pût croire à sa paternité. On l'accusait de s'être débarrassé par une dose d'arsenic de ce pauvre petit être.

Le fait de l'empoisonnement était certain. Mais qui en était l'auteur ? Le tribunal suprême de Berne condamna l'instituteur à six ans de détention comme « véhémentement suspect » d'avoir commis ce crime !

Les progrès de la science ont heureusement épargné aux magistrats la tentation de se contenter de preuves aussi incomplètes.

Quelques semaines avant la mort du malheureux Lafarge, vingt jours avant les premières tentatives de l'empoisonnement auquel il devait succomber, — à un moment où personne ne pouvait prévoir les incidents de ce procès retentissant, — Orfila exposait devant la cour d'assises de la Côte-d'Or l'état des découvertes de la science.

On jugeait un père dénaturé qui, s'étant remarié, avait empoisonné avec de l'arsenic un fils né de son premier mariage :

Avant janvier 1839, dit Orfila, lorsqu'il s'agissait de constater s'il y avait eu ou s'il n'y avait pas eu empoisonnement, souvent on se bornait à des recherches dans le canal digestif. Si on y découvrait du poison, on disait que l'individu était mort empoisonné ; si on n'en découvrait pas, on donnait une conclusion contraire. Dès 1812 cependant, j'avais annoncé que le poison ne restait pas dans les intestins, qu'il était absorbé et passait dans le sang pour y circuler dans toutes les parties du corps. Je l'avais annoncé et, bien que je ne l'eusse point encore prouvé alors, ma conviction était arrêtée. Depuis 1812 à 1839, la science en était restée là.

En 1839, un appareil fut découvert qui me parut de la plus grande utilité : je m'en servis pour des expériences qui me donnèrent un résultat magique. Cet appareil est l'appareil de Marsh.

Des expériences auxquelles je me suis livré au moyen de cet appareil prouvent que, si un homme a été empoisonné par l'arsenic, cette substance vénéneuse se répand dans le sang et va partout. Il n'est pas jusqu'à la plus petite partie du corps qui ne contienne du poison, et ce poison, on peut l'extraire des pieds, des mains, du cerveau. Il est possible qu'on ne trouve pas d'arsenic dans les intestins, dans l'estomac, dans le tube digestif, et que cependant l'individu ait péri par un empoisonnement...

Il n'est pas de poison dont l'effet soit plus bizarre que celui de l'arsenic ; tantôt il ne donne aucune lésion, tantôt il brûle et tare les parties qui sont en contact avec lui.

Le procès de Mme Lafarge, qui causa en France une si profonde émotion, ne devait pas tarder à justifier les théories du doyen de la Faculté de médecine. Quand on étudie aujourd'hui les documents authentiques de cette affaire, il est difficile de comprendre la passion avez laquelle Mme Lafarge a été défendue par ses nombreux partisans. Il y avait contre elle un luxe de preuves matérielles et morales qui ne semblaient pas pouvoir laisser place au doute.

Elle exerçait sur ceux qui l'approchaient une réelle puissance de séduction, par son esprit plus que par sa beauté, qui était, paraît-il, plus qu'ordinaire. C'était une charmeuse, mais, en même temps, une intrigante très audacieuse, d'une extrême fausseté. Ses moyens de défense, variés, contradictoires, ne supportaient guère l'examen : elle entassait mensonges sur mensonges ; loin d'essayer de les justifier, le jour venu, elle éludait le débat, faisait défaut, remplaçant sa justification par quelque mise en scène tapageuse. Le jury ne s'y laissa pas prendre ; tout ce bruit s'adressait d'ailleurs moins à lui qu'à l'opinion du dehors. Dès les premières audiences, l'avocat de la famille de Léautaud signala, pièces en mains, la violente inexactitude des comptes rendus qui altéraient sans vergogne le récit des incidents publics du procès. Mme Lafarge se plaignait d'injustices, de préventions, de persécutions : qui donc les eût exercées? On était alors sous le règne de Louis-Philippe. Par ses origines de famille, Mlle Marie Cappelle se rattachait aux amis les plus anciens de la nouvelle dynastie. Elle a raconté elle-même dans ses Mémoires que sa grand'mère avait été élevée par Mme de Genlis, la célèbre gouvernante de la princesse Adélaïde d'Orléans, qui avait été aussi *le gouverneur* de Louis-Philippe et de ses deux frères. Mme de Valence, fille de Mme de Genlis, avait à toutes les époques donné à la pupille de sa mère, sa compagne d'enfance, des témoignages de vive sympathie. Ces souvenirs étaient conservés par tous les membres de la famille d'Orléans. Sous la Restauration, Louis-Philippe et Marie-Amélie, accompagnés de leurs filles, de la princesse Adélaïde, du prince de Joinville et du duc d'Aumale, avaient accepté l'invitation du grand-père de Mme Lafarge, M. Collard, ancien fournisseur de l'armée protégé par le prince de Talleyrand, et s'étaient rendus pour une journée à sa campagne de Villers-Hellon. Une sœur de la mère de Mme Lafarge avait épousé M. Garat, secrétaire général de la Banque de France. Le maréchal Gérard, dont la femme était la petite-fille de Mme de Valence, était intervenu en faveur de Mme Lafarge, au cours même de ce procès. Une pareille accusée était assurée de rencontrer, non seulement les garanties de la justice, mais des ménagements et de grands égards. On le vit bien après sa condamnation, par tous les adoucissements qu'elle obtint dans l'exécution de sa peine.

Lafarge, âgé de 28 ans, était tombé subitement malade, après avoir mangé un fragment d'un gâteau que lui avait envoyé sa femme. Ce début de la maladie présentait déjà tous les symptômes d'un empoisonnement. De retour à sa propriété du Glandier, il avait eu une rechute plus terrible encore. Sa femme avait été vue mêlant de la poudre blanche à ses boissons. Jusqu'à ce moment, les rapports de Mme Lafarge avec sa belle-mère avaient été parfaits. Elle écrivait elle-même à une amie : « Charles m'adore, me révère. Sa mère est une excellente femme qui se mettrait au feu pour son fils, qui a de l'esprit, de l'éducation, étouffés sous les soins minutieux du ménage. »

Cette vieille femme, voyant mourir son fils de ce mal étrange, eut un soupçon. L'infortuné vivait encore lorsqu'elle envoya à un pharmacien quelques parcelles de cette poudre si suspecte : c'était de l'arsenic ! Il y avait également de l'arsenic dans une bonbonnière que Mme Lafarge ne quittait jamais.

Dès lors, la mère se cramponna au lit du moribond en le gardant à vue. En présence du médecin, à qui elle avait fait part de ses angoisses, elle dit à sa belle-fille : « Rien ne m'empêchera de rester auprès de mon fils. Trouvez-le bon, trouvez-le mauvais, rien ne m'empêchera de donner des soins à mon fils. »

Mais il était trop tard. « Je suis perdu, dit Lafarge lui-même, qui comprit avant de mourir l'horrible cause de ses souffrances, — j'en ai trop pris. »

L'empoisonnement auquel il succombait n'avait pas duré un mois. Le gâteau empoisonné que sa femme lui avait envoyé lui était arrivé le 18 décembre 1839. De retour au Glandier, le 5 janvier 1840, Lafarge mourut le 14.

Par une saisissante concordance de dates, l'instruction établissait, et Mme Lafarge était forcée d'avouer qu'elle avait acheté de l'arsenic à diverses reprises, le 12 décembre 1839, les 5 et 8 janvier 1840.

Sa défense reposait sur les contradictions des experts qui avaient, à plusieurs reprises, fait des expériences sur les restes du malheureux Lafarge. La dernière de ces expériences avait eu lieu le 14 septembre 1840, sept mois après la mort, pendant les débats de la cour d'assises. On fit bouillir dans les dépendances mêmes du Palais les restes décomposés du mort. Orfila, assisté de deux autres experts, affirma la présence de l'arsenic, ingéré comme matière toxique. Il ne pouvait pas se retrouver en quantité considérable. « L'arsenic, dit Orfila, disparaît de l'estomac au bout de peu de jours. Répandu dans les autres organes, il est évacué peu à peu. » On ne pouvait plus en découvrir que quelques vestiges.

Le mobile de Mme Lafarge ? Elle l'avait exprimé elle-même à son mari dans une lettre qu'elle lui avait écrite au début de son mariage. Cette jeune fille de 24 ans, orpheline mal gardée, plus séduisante que belle, avait déjà, pour elle-même et pour d'autres, noué diverses intrigues. Celle de toutes qui lui tenait le plus à cœur avait été rompue récemment. Elle avait contracté un mariage de dépit, croyant y trouver du moins la réalisation de ses rêves de fortune. L'homme lui déplaisait, la fortune était plus que compromise.

Elle s'était mariée au mois d'août 1839. A peine arrivée au Glandier elle écrivait à Lafarge, réellement épris :

« Je vous ai indignement trompé ; je ne vous aime pas et j'en aime un autre... Je serai adultère malgré vous, malgré moi, si vous ne me sauvez pas. »

Ce qu'elle demandait, c'était l'autorisation de fuir. Quand elle changea d'attitude et de langage vis-à-vis de son mari, celui-ci était condamné dans son esprit. Il mourut en effet après cinq mois de mariage, au moment où, revenant d'une longue absence, il allait demander à sa femme de lui témoigner l'amour qu'elle lui exprimait dans ses lettres.

*
* *

Au cours de ces débats passionnés, Me Corali, avocat de la partie civile, s'était écrié :

« Au titre d'empoisonneuse vous joignez celui de voleuse, — au titre de voleuse celui de calomniatrice. »

L'épisode des diamants de Mme de Léautaud, qui a joué un si grand rôle dans le procès Lafarge, est en effet très caractéristique.

Avant son mariage Mlle Marie Cappelle avait eu avec les deux filles de la marquise de Nicolaï des rapports confiants et affectueux, nés d'un voisinage de campagne. Elle avait joué vis-à-vis de Mlle Marie de Nicolaï, devenue Mme de Léautaud, le rôle de confidente fort compromettante, donnant à un jeune homme épris de Mlle de Nicolaï des rendez-vous et lui écrivant. Marie Cappelle allait seule aux rendez-vous. — Mariquita, comme l'appelait familièrement l'amoureux de son amie.

Mlle de Nicolaï s'était mariée ; elle avait reçu dans sa corbeille

une fort belle parure de diamants. Pendant un séjour de Mlle Cappelle chez Mme de Léautaud la parure disparut et toutes les
recherches pour découvrir le voleur furent infructueuses. « Avez-
vous retrouvé vos infortunés diamants? » écrivait Mlle Cappelle,
devenue Mme Lafarge, à Mme de Léautaud.

Lors des perquisitions pour le crime d'empoisonnement, ces
diamants furent retrouvés démontés et cachés dans une pelote en
soie ouatée, au Glandier. Mme Lafarge essaya d'abord d'en contes-
ter l'identité. Ils lui venaient, prétendit-elle, de son grand-père
qui les lui avait fait remettre secrètement par une domestique
pour qu'elle n'eût pas à les partager avec ses sœurs. Forcée
de renoncer à ce récit, elle raconta qu'un messager inconnu les
lui avait remis depuis son mariage de la part d'un oncle qu'elle
ne pouvait nommer.

C'était bien invraisemblable. Pour achever de convaincre
Mme Lafarge d'imposture, il arriva que des débris de monture et
quelques-unes des pierres trouvées en sa possession permirent au
fournisseur de la parure de la reconnaître formellement. C'était
bien celle de Mme de Léautaud.

Mme Lafarge bâtit alors de toutes pièces un nouveau système.
Mme de Léautaud elle-même lui avait donné les diamants pour les
vendre et pour en remettre le prix à son amoureux d'autrefois
dont elle était obligée d'acheter le silence.

L'invention était grossière. Le jeune homme était au Mexique.
Sa réputation était excellente, et il n'avait fait auprès de Mme de
Léautaud aucune démarche de chantage. D'ailleurs les diamants
n'avaient pas été vendus, mais gardés par Mme Lafarge qui avait
fait monter pour elle-même quelques perles dépendant de la parure
volée.

Chaque fois que l'affaire fut appelée, d'abord devant le tribunal de Brives, puis devant le tribunal de Tulle, Mme Lafarge ima-
gina quelque prétexte pour demander un sursis. Le procès du vol
de diamants fut ainsi renvoyé du 11 juillet 1840 au 29 avril, au
3 mai et enfin au 5 août 1841 sans que Mme Lafarge jugeât le moment venu de présenter sa défense. Condamnée par défaut, elle
se borna à publier dans les journaux une protestation, se gardant

bien de faire une opposition qui l'eût obligée à s'expliquer en justice.

*
* *

Si Mme Lafarge a été la plus célèbre empoisonneuse de son temps, elle n'a pas été la seule. Plusieurs femmes ont été condamnées à mort et exécutées à la même époque. — En 1839, deux femmes montaient sur l'échafaud à Tours et à Reims : l'une, véritable Messaline, avait empoisonné son mari pour épouser un de ses amants qui, à son instigation, avait lui-même empoisonné sa femme ; l'autre était une grand'mère qui, par avarice, avait donné de l'acide chlorhydrique à l'enfant nouveau-né de son fils. Déjà quatre des petits-enfants de cette horrible mégère avaient disparu de la même manière. — En 1840, à Liège, une femme fut également exécutée pour avoir empoisonné son mari et sa belle-mère avec de l'arsenic : elle avait déterminé son amant à empoisonner en même temps sa femme. — En 1842, à Orléans, une femme de 44 ans, mère de famille, qui avait une liaison adultère, donne de l'arsenic à son vieux mari et paie son crime de sa vie. — En 1851, c'est l'atroce servante bretonne, Hélène Jegado, qui fut guillotinée à Rennes après avoir passé son existence à faire pendant plus d'un demi-siècle des victimes dans toutes les maisons où elle avait servi. — « Je porte malheur, disait-elle ; les maîtres meurent partout où je suis. La mort me suit partout. »

La statistique constate que sur dix empoisonneurs, sept sont des femmes. En présence de cette effrayante multiplicité de crimes il a fallu, malgré leur sexe, donner le spectacle exemplaire de l'exécution des empoisonneuses.

On a recherché quel était le mobile de ces crimes. Quelques-uns sont inexplicables.

Ils paraissent avoir été commis par une sorte de monomanie, par un instinct étrange de destructivité. Ici un garçon boulanger, irrité d'une observation, jette de l'arsenic dans le pain qu'il pétrit, au risque d'empoisonner tout un quartier. A Genève, une garde-malade, Jeanneret, commet douze empoisonnements auxquels on ne peut trouver d'autre intérêt que la maigre prime payée par les pompes funèbres à celui qui leur apporte la première nouvelle d'un décès. On ne comprend pas davantage les empoisonnements d'Hélène Jegado, ceux d'une veuve Van den Linden qui vivait dans l'aisance à Rotterdam et qui, sans aucun motif de rancune, n'a pas fait moins d'une trentaine de victimes. Dans les familles, surtout de la part des serviteurs, des dissensions, des querelles, des reproches de peu d'importance sont souvent l'unique mobile du crime.

En 1839, à Périgueux, une jeune fille de 15 ans fut empoisonnée par les deux servantes de son père qui avaient entendu parler d'un projet de mariage pour elle. Elles craignaient que ce mariage amenât une réforme dans la maison et leur fît perdre leur place.

A Cambrai, en 1840, une servante de 24 ans s'était attachée à l'enfant de ses maîtres âgé de 14 mois. Menacée d'être renvoyée, elle empoisonne la famille tout entière sans épargner

Hélène Jegado.

l'enfant qu'elle aimait passionnément. La même année, — c'est ici une fiancée, — là une nouvelle mariée, qui sont empoisonnées par des servantes maîtresses craignant de perdre leur autorité dans la maison.

En 1889, dans le département de Vaucluse, une fille de 48 ans, remettait à des petits enfants des gâteaux qu'elle avait empoisonnés avec de l'acide sulfurique; son seul mobile était sa haine pour leur mère qui avait été sa rivale.

Tout récemment à Bourges une aubergiste a été condamnée aux travaux forcés à perpétuité pour avoir fait avaler de force de l'acide sulfurique à un petit garçon de 6 ans, fils d'un concurrent qui lui avait pris un pensionnaire.

D'après une statistique faite avec soin au ministère de la justice pour une période de 55 ans, — de 1825 à 1880, — ces empoisonnements sans motifs sérieux, par pure animosité, ne s'élèveraient pas à moins de 43 p. 100 du chiffre total de ces crimes.

Chose horrible! un quart des empoisonnements (24 p. 100) sont commis par des mères qui veulent se débarrasser de leurs enfants en bas âge. Elles les ont épargnés lors de leur naissance, mais les charges devenant trop lourdes, elles les sacrifient.

Rien n'est navrant comme le procès d'une paysanne de l'île de Groix, jugée le 23 septembre 1892 par la cour d'assises du Morbihan. Fille-mère, elle avait confié à ses parents sa petite fille âgée de 2 ans. Les pauvres vieux aimaient l'enfant et la soignaient avec tendresse : ils recevaient de leur fille une pension de 12 francs par mois. Celle-ci arrive, prend sa fille qu'elle embrasse et couvre de caresses : « Ouvre la bouche, lui dit-elle, voilà du bonbon. » L'enfant obéit et tombe foudroyée : le bonbon contenait de l'acide sulfurique. La mère avait tué son enfant pour épargner 12 francs par mois.

A Paris, en 1889, une fille-mère qui s'était placée comme nourrice et dont le lait avait tari, furieuse d'avoir perdu sa place, empoisonne avec du laudanum son petit garçon de deux mois.

A*dultera ergo venefica*, disait un vieil adage. Si l'on en croit la statistique criminelle, l'adultère ne serait plus aujourd'hui la cause des empoisonnements que dans une proportion de 10 p. 100. Les grandes passions sont plus rares sans doute : la femme et l'amant s'accommodent mieux de l'existence du mari. Le remplacer en épousant est une perspective devant laquelle reculeraient les plus galants donneurs de rendez-vous. Aussi l'adultère n'a-t-il plus guère un dénouement si tragique.

Il y a cependant des exceptions, témoin le crime d'Aïn-Fezza, jugé en 1891 par la cour d'assises d'Oran.

M. Weiss, lieutenant d'artillerie, avait épousé une jeune Russe, Jeanne Daniloff. Nommé capitaine, M. Weiss avait donné sa démission et, pour améliorer la position de sa famille, il avait obtenu un poste d'administrateur civil dans la province d'Oran, à Aïn-Fezza.

Il adorait sa femme qui lui avait donné deux enfants, René et Moussette.

Celle-ci ne tarda pas à le tromper avec un ingénieur de passage à Aïn-Fezza pour des travaux qu'il dirigeait. Leurs relations avaient commencé avec un rare cynisme : « *Si c'est face*, avait répondu la jeune femme en jetant en l'air une pièce de monnaie, *ce sera oui ; si c'est pile, ce sera non.* »

Obéissant à l'oracle qu'elle avait laissé décider de son sort. comme *c'était face*, elle était allée au rendez-vous.

Les petites localités de l'Algérie sont une maison de verre. Sauf quelques rencontres chez une complaisante, les deux amants ne pouvaient se voir que de nuit. Mme Weiss laissait ouverte la fenêtre de sa salle à manger et l'ingénieur Roques pénétrait dans la maison. Se relevant sans bruit elle le rejoignait au salon.

Entre les deux amants, la mort de Weiss était résolue; Mme Weiss avait écrit sur le carnet de Roques : « *Je jure que j'assassinerai mon mari pour être à toi seul. — JANE.* »

Roques fut envoyé en Espagne. Pour qu'il pût revoir sa maîtresse, il fallait que celle-ci tînt sa sinistre promesse. Il lui procura de la liqueur de Fowler, à base d'arsenic, très dangereuse quand elle est prise à haute dose, d'une manière continue. Cet empoisonnement par sa lenteur devait exciter moins de soupçons.

Weiss fut prévenu par un ami qui avait intercepté une lettre de sa femme; elle écrivait à son amant :

« La plus grosse moitié de ma provision est épuisée... Je lutte avec la force vitale et avec son instinct de conservation. »

Roques arrêté en Espagne se suicida. Aux assises, l'empoisonneuse demanda grâce à son mari : celui-ci, sans jeter les yeux sur elle, répondit au président :

« Je n'ai jamais pardonné à Jeanne Daniloff; je ne lui pardonne pas ; je ne lui pardonnerai jamais. Je resterai avec mes enfants. »

Ces paroles, trop méritées, furent pour la malheureuse un arrêt de mort. Condamnée par le jury, elle s'empoisonna dans sa prison.

* * *

La proportion des empoisonnements inspirés par un sentiment de vengeance serait de 9 p. 100 ; par un amour contrarié, de 5 p. 100 seulement.

Ceux qui ont pour mobile la cupidité ne représenteraient qu'une proportion de 9 p. 100. Cette cupidité revêt les formes les plus diverses.

En 1839, la cour d'assises d'Angers condamna à mort un mari, véritable Barbe-Bleue, qui avait empoisonné successivement ses trois femmes. Il obtenait d'elles des donations ou des testaments, puis il s'empressait de s'en débarrasser.

Deux étaient enceintes quand elles moururent ; l'une accoucha au milieu des souffrances atroces causées par le poison. « On ne saurait, dit la *Gazette des tribunaux*, qui rendit compte de ce procès, exprimer l'horreur qui glaçait tous les cœurs lorsque à chaque instant se reproduisaient ces questions et ces réponses : — Elle a fait son testament? — Oui. — Puis elle est devenue malade? — Oui. — Et elle l'a été?... — Trois jours. »

Que d'empoisonnements étaient alors commis dans les campagnes pour éteindre une rente viagère ou pour réaliser le bénéfice d'une donation à cause de mort !

En 1857, le comte de Bocarmé fut condamné à mort par la cour d'assises de Mons, pour avoir fait avaler, de force, à son beau-frère, une dose de nicotine.

Le comte et la comtesse de Bocarmé habitaient le château de Bitremont où ils menaient un train dépassant de beaucoup leurs ressources. Ils comptaient sur l'héritage du frère de la comtesse, infirme, boiteux. Depuis quelque temps, celui-ci avait manifesté l'intention de se marier. Cette dernière ressource manquant à M. et Mme de Bocarmé qui étaient criblés de dettes, leur déconfiture eût été irréparable.

Ils furent poursuivis tous deux. Mme de Bocarmé rejeta sur son mari toute la responsabilité. Le comte de Bocarmé, seul condamné, mourut avec courage.

Les combinaisons d'assurances sur la vie étaient alors peu ré-

pandues en France. Un jeune médecin, Couty de la Pommerais,
âgé de 34 ans, les avait étudiées en même temps qu'il étudiait les
effets de la digitaline, poison très violent qui ne laisse pas de
traces.

En août 1861, il avait épousé une femme jeune et jolie qui lui
apportait quelque fortune. Il en avait eu un enfant. A peine marié,
il avait perdu subitement sa belle-mère qu'il soignait lui-même et
à qui il avait fait prendre, sous prétexte de palpitations, de la digitaline. L'épreuve ayant réussi,
il résolut d'user de ce moyen
pour faire fortune d'un seul
coup.

Pour cela il lui fallait sacri-
fier une vie humaine. Son choix
fut bientôt fait. Il se rappela une
ancienne maîtresse, Mme de Paüw,
quittée lors de son mariage,
créature dévouée qui lui était
restée passionnément attachée.
Il alla la revoir et, quand elle fut
enceinte, la sentant plus que
jamais sous sa domination, il

La comtesse de Bocarmé.

lui proposa de souscrire d'énormes polices d'assurances. Il la
leurrait de l'espoir que, si elle consentait à feindre une maladie,
il transigerait pour elle avec les compagnies et lui assurerait ainsi
une petite pension.

Comme toutes les femmes qui aiment, la malheureuse était
crédule. La Pommerais, qui avait soigné son mari, réparateur de
tableaux, était devenu rapidement son amant, sans qu'il lui en
coûtât rien. Elle avait trois jeunes enfants qu'elle élevait comme
elle pouvait depuis son veuvage : cette nouvelle grossesse était
menaçante pour elle. Les témoins du procès firent d'elle, malgré
l'irrégularité de sa conduite, un portrait assez sympathique :
« Elle avait de l'esprit, mais pas de bon sens. Indiscrète, bavarde,
elle parlait à tort et à travers. Au fond très bonne personne, elle
aimait passionnément ses enfants. » — « C'était la misère en per-

sonne : une robe usée, un lambeau pour châle, et cependant, au milieu de tout cela, un aspect attendrissant. Au milieu de sa misère elle était encore rieuse. »

Elle avait 42 ans et voyait revenir à elle, quittant sa jeune rivale, un amant qu'elle avait adoré. Elle le crut et signa des polices d'assurances, transférées au nom de La Pommerais, pour 550000 francs.

C'était son arrêt de mort à brève échéance : il eût fallu payer chaque année 18840 francs de primes. La Pommerais, toujours aux expédients, n'en avait pas eu un seul instant la pensée. Il devint de plus en plus assidu. Il lui fit prendre en quelques jours d'énormes doses de digitaline dont la trace s'est retrouvée dans les vomissements de l'infortunée, et sur les raclures du parquet autour de son lit.

Défendu par M⁰ Lachaud, La Pommerais fut condamné à mort et exécuté en juin 1864.

Depuis, en 1874, un herboriste de Saint-Denis, Moreau, a été condamné à mort et exécuté, pour avoir empoisonné successivement avec du sulfate de cuivre ses deux femmes dont il avait obtenu des donations d'usufruit.

En 1885, Pel, horloger à Montreuil, a eu le même sort. Autour de lui s'était formée, non sans motifs, une sinistre légende. Sa mère, plusieurs servantes, étaient mortes ou avaient disparu dans les circonstances les plus suspectes. Sa première femme mourait après trois mois de mariage d'une maladie qui présentait tous les symptômes de l'empoisonnement. Il s'était remarié quelques mois après : sa seconde femme et sa belle-mère ne tardèrent pas à éprouver les mêmes symptômes. Elle échappèrent à la mort en le quittant.

Il prit alors une maîtresse, vieille fille de 42 ans, qui avait quelque bien. Elle tomba malade, puis disparut. A l'époque de cette disparition une odeur infecte de chair brûlée se répandit dans la maison de Pel.

La rumeur publique avertit tardivement la justice. La première femme de Pel, morte trois ans auparavant, fut exhumée. Le docteur Brouardel constata la présence de l'arsenic dans la partie des restes de cette malheureuse qui correspondait à l'abdomen, au foie et aux reins.

*
* *

Ce qui est le trait caractéristique des empoisonneurs quel qu'ait été leur mobile, c'est l'hypocrisie et la fausseté.

Un vigneron de Tours, condamné en 1839 aux travaux forcés à perpétuité pour avoir empoisonné sa femme à l'instigation de sa maîtresse, se lamentait parce qu'au bagne il ne pourrait plus s'approcher aussi souvent des sacrements. Il s'apitoyait d'une étrange façon sur les souffrances de sa victime :

La femme Ribot, disait-il, m'a parlé de mariage : je lui ai dit que je n'avais pas de raison pour faire mourir ma femme, que nous avions toujours été bien ensemble. Cependant j'ai fini par lui donner des cantharides. La femme Ribot m'a dit que *ça ne forçait pas assez* et m'a conseillé l'arsenic. J'avais vu que les cantharides faisaient bien souffrir ma femme : *ça me faisait de la peine.* Je voulais renoncer; c'est alors qu'on m'a poussé à l'arsenic.

En 1850, le curé Gothland, d'une paroisse voisine d'Angoulême, était défendu avec passion par de nombreux partisans. Il avait été cependant renvoyé de plusieurs diocèses pour l'irrégularité de sa conduite. Il avait empoisonné sa servante qui le menaçait de révéler les scènes scandaleuses dont elle avait été témoin au presbytère. Il fut condamné aux travaux forcés à perpétuité.

Hélène Jegado, condamnée à mort pour de nombreux empoisonnements en 1851 par la cour d'assises de Rennes, simulait une extrême dévotion, sans cesse dans les églises, donnant des soins à ses victimes, priant pour elles et suivant leurs convois en pleurant.

La Pommerais avait sollicité avec le zèle d'un fervent catholique la croix de Saint-Sylvestre, tandis que dans son testament il écrivait :

Je supplie ma femme de ne jamais laisser entrer sous aucun prétexte un prêtre dans ma chambre. Je désire qu'aucun service, qu'aucune messe, qu'aucune prière ne soient faits à mon intention, ayant le plus grand mépris pour toutes ces singeries et ces simagrées!

L'herboriste Moreau avait marqué avec une image de la Vierge dans son livre de pharmacie les passages relatifs au poison qu'il avait administré à sa femme.

En 1882, l'abbé Auriol, curé dans les Pyrénées-Orientales, fut condamné aux travaux forcés à perpétuité pour avoir empoisonné deux filles pieuses de sa paroisse dont il convoitait l'héritage. La première résistait à cette captation et empêchait sa sœur de céder. A peine fut-elle morte que sa sœur ayant hérité d'elle fit son testament au profit du curé. Elle mourut à son tour onze jours après.

L'abbé Auriol était épris de l'institutrice : il avait voulu se procurer des ressources pour fuir avec elle. Il avoua, puis rétracta ses aveux. Rétractation impuissante, car la justice avait saisi des lettres décisives.

Quand Mme Lafarge fut résolue à se débarrasser de son mari, elle simula vis-à-vis de lui la plus vive tendresse. Elle le priait de manger à heure dite, en communion avec elle, le gâteau empoisonné qu'elle lui envoyait. En même temps elle lui écrivait :

Adieu, mon cher seigneur et maître... Aimez-moi, car je vous aime ; regrettez-moi, car je vous regrette ; embrassez-moi, car je vous embrasse de toute mon âme. Je baisse ma tête pour que tu me donnes un tendre baiser sur mes yeux : en voici deux pour les tiens.

*
* *

Si l'empoisonnement est le crime des hypocrites, il est aussi le crime des lâches. Les exécutions exemplaires ont fait leur effet : en même temps les progrès de la science ont permis de découvrir les crimes les mieux dissimulés. Les empoisonneurs ont eu peur. Depuis 1840 ces crimes sont en décroissance continue : de quarante ils sont tombés à huit ou dix par an. Il y eut moins d'empoisonnements sous la République de 1848 que sous Louis-Philippe, sous l'Empire que sous la République. Cette diminution progressive a persisté : de 1870 à 1880, la moyenne était d'une quinzaine d'empoisonnements par an, elle n'est plus que d'une dizaine aujourd'hui. En 1888, il n'y en eut que six dans toute la France.

Autrefois l'arsenic était presque l'unique poison employé. Depuis qu'il est bien établi que ses traces se retrouvent, les empoisonneurs recourent à des moyens plus variés : le sulfate de cuivre, le vert-de-gris, l'émétique, la digitaline, l'ellébore, la strychnine, la nicotine, le phosphore, l'atropine, le vitriol, les cantharides, l'acétate de plomb, la morphine, l'opium, le laudanum, la liqueur de Fowler, l'acide sulfurique, l'acide prussique, l'acide chlorhydrique.

Aucun procédé ne met les coupables à l'abri des recherches de la science. Il faut que cela soit bien connu et bien compris. L'empoisonnement est une arme terrible dont peuvent se servir toutes les passions humaines. La crainte, la certitude du châtiment en empêchent seules le retour. Il ne faut pas s'endormir dans une fausse sécurité parce que les rigueurs de la justice en ont pour un temps diminué le nombre. Ce fléau reparaîtrait bien vite au moindre relâchement. On ne saurait assez répéter à ceux qui ont mission de protéger la vie humaine contre le crime :

Veillez !

LA VIE CONTEMPORAINE

Paraissant le 1er et le 15 de chaque mois

PARIS — 8, RUE DE LA CHAUSSÉE D'ANTIN, 8 — PARIS

La Vie contemporaine tient ses lecteurs au courant de toutes les manifestations de l'activité sociale, littéraire, artistique et scientifique, sans jamais blesser aucune conviction.

La Vie contemporaine a des gravures et coûte moitié moins cher que les publications similaires.

Voici la liste de quelques-unes des œuvres dont **La Vie contemporaine** a donné la primeur à ses lecteurs en ces derniers temps :

Le Chemin de Damas, roman, par M. LÉON DE TINSEAU.
Renégat, roman, par M. AUGUSTIN FILON.
Dépaysée, roman, par Mme JEANNE MAIRET.
Les trois cousines, nouvelle, par M. PAUL MARGUERITTE.
Clarté dans la nuit, nouvelle, par M. ÉDOUARD ROD.
Devant un Raffet, poème, par M. FRANÇOIS COPPÉE, de l'Académie française.
Charles Gounod et le Don Juan, de Mozart, par M. C. SAINT-SAENS, membre de l'Institut.
Un voyage héroïque, par Mme MARIE DRONSART.
Le nouveau Berlin, par M. PAUL LINDENBERG.
Les anarchistes, par M. JULES SIMON, de l'Académie française.
Femmes du Nord, par M. le comte PROZOR.
La Femme américaine, par M. L. LACROIX.
Boutades militaires, par M. le général DRAGOMIROW.
La Conciliation des esprits entre la France et l'Italie, par M. R. BONGHI, ancien ministre.
Luxes mondains de la Restauration, par M. HENRI BOUCHOT.
Marie-Antoinette et le comte de Fersen, par Mme LA DUCHESSE DE FITZ-JAMES.

Un article mensuel de M. GUSTAVE LARROUMET, l'éminent professeur à la Sorbonne, est consacré à la question d'**Art ou de Littérature** à l'ordre du jour. **Le Théâtre** est confié à M. ROBERT VALLIER et, dans une **Chronique** régulière M. XAVIER ROUX tient les lecteurs de **La Vie Contemporaine** au courant de la vie de Paris.

TARIF DES ABONNEMENTS

FRANCE		ÉTRANGER (*Union postale*)	
UN AN . . . . **30** fr. »		UN AN . . . . **36** fr. »
SIX MOIS . . . . **16** fr. »		SIX MOIS . . . . **19** fr. »
TROIS MOIS . . . . **8** fr. **50**		TROIS MOIS . . . . **10** fr. »

On s'abonne dans tous les bureaux de poste et chez les principaux libraires de France et de l'Étranger.

Envoi franco d'un numéro spécimen contre 3o centimes en timbres-poste.

Paris. — Typ. Chamerot et Renouard, 19, rue des Saints-Pères. — 31292

9 782329 136462